KOMMASETZUNG

Der Crashkurs für Studierende

Fehlerfrei mit fünf Strategien

Crashkurs: Rechtschreibung und Zeichensetzung Band 1

© 2018 Johanna Andresen

johanna.andresen@posteo.de

Herstellung und Verlag:
BoD – Books on Demand, Norderstedt

Lektorat: Obst & Ohlerich / Charlotte Muijs
Design: Larissa Iden

Bibliografische Information der Deutschen Nationalbibliothek: Die
Deutsche Nationalbibliothek verzeichnet diese Publikation in der
Deutschen Nationalbibliografie; detaillierte bibliografische Daten sind
im Internet über dnb.dnb.de abrufbar.

ISBN: 9783752830903

INHALT

VORWORT

Sind Sie sich sicher, dass Sie die Kommas in Ihren Texten immer richtig setzen? Wenn nicht, sind Sie damit sicherlich in guter Gesellschaft; wahrscheinlich kann kaum jemand alle Kommaregeln aus dem Kopf aufsagen. Und zum Glück ist das auch nicht nötig: Dieses Buch hilft Ihnen, durch fünf Strategien schnell und übersichtlich Sicherheit bei der Kommasetzung zu erlangen.

WARUM KANN IHNEN DIESES BUCH HELFEN?

1. Die Einteilung in fünf Strategien macht das Erlernen der Regeln viel einfacher.

2. Der Fokus liegt – im Gegensatz zu anderen Ratgebern zur Kommasetzung – auf Schlüsselwörtern im Text: Worauf müssen Sie achten, um fehlende (oder überflüssige) Kommas schnell zu erkennen?

3. Das Buch vereinfacht die komplexe Struktur der Kommasetzung. In den offiziellen Regeln gibt es viele Fälle, bei denen Sie sich aussuchen können, ob Sie ein Komma setzen möchten; es gibt aber für beide Seiten Ausnahmen: Hier darf ich (muss aber nicht), hier muss ich, hier darf ich nicht. Dadurch müssen Sie insgesamt mehr Regeln im Kopf behalten. Da diese Ausnahmeregeln außerdem oft sehr detailliert und dadurch schwer zu merken sind, wird in diesem Buch jeweils die einfachste Variante ausgewählt und die Wahlmöglichkeit weggelassen, z. B.: *Hier muss immer ein Komma gesetzt werden, außer bei diesen drei Ausnahmen.* So müssen Sie sich insgesamt weniger merken, machen aber trotzdem keine Kommafehler.

Für diejenigen, die mehr Details wissen möchten und sich dafür interessieren, ob ein Komma wirklich notwendig ist oder auch weggelassen werden kann, beinhaltet das Buch zusätzlich die ausführlichen Regeln mit allen Besonderheiten.

WARUM EXPLIZIT FÜR STUDIERENDE?

Dieses Buch ist für Studierende wie auch für Schüler/-innen und Interessierte gedacht. Trotzdem werden besonders diejenigen angesprochen, die im Hochschulalltag die Kommaregeln häufig anwenden müssen. Denn gerade hier wird richtige Kommasetzung vorausgesetzt. Hausarbeiten kann man korrekturlesen lassen, Diplom-, Bachelor- und Masterarbeiten sowieso. Aber jede E-Mail (an Professoren/-innen, Mitstudierende usw.) noch einmal auf korrekte Kommasetzung gegenlesen zu lassen, ist doch sehr aufwändig, wenn nicht sogar kompletter Unfug.
Also: Zeit, die Kommaregeln zu lernen!

AUFBAU DES BUCHES

Das Buch besteht aus drei Teilen. Der ERSTE TEIL beinhaltet die reduzierten Kommaregeln in den fünf Strategien. Jede Strategie wird mit vielen Beispielen erklärt und am Ende kurz zusammengefasst. Sie können außerdem gleich ein paar Übungssätze zu den Strategien machen. Im Anschluss an die fünf Strategien gibt es zwei Extras: einige Regeln, die gemeinhin keine Probleme bereiten (z. B. Aufzählungen), und eine Auflistung von typischen Fehlern.

Im ZWEITEN TEIL stehen die kompletten Regeln. Wenn Sie also mehr wissen möchten, können Sie hier nachschlagen.

Der DRITTE TEIL besteht aus gemischten Übungen und Lösungen. So können Sie die Strategien gleich trainieren und brauchen sich dann nie wieder darum zu sorgen.

Sie können das Buch also als Coaching nutzen, um die Kommasetzung schnell zu erlernen. Es kann aber auch als Ratgeber bei Unsicherheiten verwendet werden oder als Übungswerk, um sich die Kommasetzung in all ihren Facetten anzueignen.

Und wenn Sie die Kommaregeln anschließend noch weiter üben möchten, gibt es ein passendes Übungsbuch für diesen Crashkurs mit 500 Übungssätzen.

Los geht's!

1.
DIE FÜNF STRATEGIEN

Die fünf Strategien zeigen Ihnen, worauf Sie im Text achten und welche Regeln Sie berücksichtigen müssen. Die Wahlmöglichkeit wird hier weggelassen. Wenn Sie es genauer wissen möchten, können Sie im zweiten Teil nachschauen.

Für alle fünf Strategien gilt: Manchmal kann ein fehlendes Komma Missverständnisse verursachen und daher für das Satzverständnis wichtig sein. So zum Beispiel hier:

Ich empfehle meinem Bruder nichts zu sagen.

Der Satz dürfte laut Regel ohne Komma stehen, er kann so aber auf zwei verschiedene Weisen verstanden werden. Entweder soll dem Bruder nichts gesagt werden:

Ich empfehle, meinem Bruder nichts zu sagen.

Oder der Bruder ist eingeweiht und es wird ihm empfohlen, es für sich zu behalten:

Ich empfehle meinem Bruder, nichts zu sagen.

Und auch in diesem Beispiel ist das Komma für das Satzverständnis wichtig:

Er behielt nur das Skript und die Notizen und das Buch
gab er mir zurück.

Ohne Komma ist nicht klar, ob die Notizen zurückgegeben oder behalten werden.

Er behielt nur das Skript und die Notizen, und das Buch
gab er mir zurück.

Setzen Sie also, wenn Missverständnisse entstehen können, immer ein Komma, damit der Satz eindeutig ist!

1.1 DIE ERSTE STRATEGIE
Achten Sie auf konjugierte Verben!

In einem Satz, egal ob Haupt- oder Nebensatz, darf nur ein konjugiertes Verb stehen.

Das konjugierte Verb ist das gebeugte Verb, es ist auf ein Subjekt bezogen (*er läuft.*). Enthält ein Satz zwei konjugierte Verben, sind es zwei Teilsätze (z. B. Hauptsatz und Nebensatz) und sie müssen mit einem Komma voneinander getrennt werden (*er läuft, weil er es eilig hat.*).

> *Wenn er heute <u>anfängt, kann</u> er die Hausarbeit vielleicht noch diese Woche fertig schreiben.*

→ *Nebensatz, Hauptsatz*

> *Meine Kommilitonin <u>meldet</u> sich, sie <u>berichtet</u> von der Exkursion.*

→ *Hauptsatz, Hauptsatz*

HAUPTSATZ VS. NEBENSATZ
Es erleichtert die Kommasetzung, wenn Sie den Unterschied zwischen Haupt- und Nebensatz kennen.

Im Hauptsatz steht das konjugierte Verb an zweiter Stelle. Achtung! Es ist das zweite Satzglied, steht also z. B. hinter dem Subjekt (wer oder was?). Es muss aber nicht das zweite Wort sein.

> *Sie <u>geht</u> über die Straße.*

> *Die dicke Frau aus der Wohnung gegenüber <u>geht</u> über die Straße.*

Im Nebensatz steht das konjugierte Verb am Ende.

> *Ich <u>weiß</u>, dass sie eigentlich gerne mit mir in den Urlaub fahren <u>möchte</u>.*

→ *Ich weiß = **Hauptsatz**; dass sie eigentlich gerne mit mir in den Urlaub fahren möchte = **Nebensatz***

SO MACHEN SIE ALLES RICHTIG

Wenn Sie jeden Teilsatz, in dem ein konjugiertes Verb vorkommt, mit einem Komma von den anderen Teilsätzen abtrennen, machen Sie nichts falsch.

Ich weiß, dass man mit einem BWL-Studium mehr berufliche Aussichten hat, möchte aber trotzdem Archäologie studieren.

Lukas versteht, dass Helene den ganzen Tag lernen muss, fragt aber trotzdem, ob sie später noch einen Film schauen können.

Es gibt eine Ausnahme und einen Sonderfall, die Sie beachten müssen.

AUSNAHME Das Komma entfällt, wenn die Teilsätze durch eine Konjunktion miteinander verbunden sind, bei der kein Komma gesetzt werden darf (*und, oder, sowie, bzw., respektive, entweder … oder, nicht … noch, weder … noch*). Bei Konjunktionen wie *und/oder* wissen Sie wahrscheinlich, dass das Komma wegfällt. Die anderen Konjunktionen müssen Sie einfach auswendig lernen, sie werden alle in der fünften Strategie mit Beispielen aufgelistet.

Er hofft, dass er die Hausarbeit heute fertig schreiben wird bzw. zumindest die erste Fassung beenden kann.

➜ *Hauptsatz, Nebensatz bzw. Nebensatz*

Er hofft, dass er entweder das Zeugnis in den nächsten Tagen erhält oder dass er zumindest seine Abschlussnote bald erfährt.

➜ *Hauptsatz, zwei Nebensätze mit entweder … oder voneinander getrennt*

SONDERFALL Es gibt verkürzte Sätze, die kein konjugiertes Verb enthalten. Auch diese müssen mit einem Komma abgetrennt werden.

Zeit, dass wir die Kommaregeln lernen!

➜ *Es ist Zeit, dass wir die Kommaregeln lernen!*

Nur, solange der Vorrat reicht.

➜ *Das Angebot gilt nur noch, solange der Vorrat reicht.*

Das macht die Strategie etwas komplizierter, da das konjugierte Verb nicht explizit genannt wird, sondern gedanklich hinzugefügt werden muss. Häufig sind genau das die Fälle, in denen Unsicherheit bei der Kommasetzung aufkommt.

ZUSAMMENFASSUNG

- Achten Sie auf das konjugierte Verb im Satz! (z. B. *er arbeitet*)

- Zwei konjugierte Verben weisen auf zwei Sätz hin und diese müssen mit einem Komma getrennt werden.

- Einzige Ausnahme: Es gibt eine Konjunktion, die die Sätze verbindet (z. B. *und*).

- Sonderfall: Auch verkürzte Sätze ohne konjugiertes Verb werden mit einem Komma abgetrennt.

SECHS ÜBUNGSSÄTZE ZUM KONJUGIERTEN VERB

Lösungen auf Seite 69

1. Wenn du mir hilfst geht es schneller.

2. Ich hoffe dass es nicht zu lange dauert damit ich nachher noch zum Sport gehen kann.

3. Hauptsache du bist schnell wieder da.

4. Aufgrund des schlechten Wetters gestern Nachmittag konnte ich den Fototermin leider nicht wahrnehmen.

5. Immer wenn ich dich sehe fällt mir ein dass ich dir noch das Buch zurückgeben muss das du mir neulich ausgeliehen hast.

6. Ich werde heute fertig oder will es zumindest versuchen.

1.2 DIE ZWEITE STRATEGIE
Achten Sie auf Infinitivgruppen!

Der Infinitiv ist die Grundform des Verbs (z. B. *laufen*). Eine Infinitivgruppe ist der Infinitiv mit *zu* (z. B. *zu laufen*) und ggf. noch weiteren Wörtern. Diese Infinitivgruppen müssen oft mit einem Komma vom restlichen Satz abgegrenzt werden. Achten Sie also auf das Wörtchen *zu* und überprüfen Sie, ob ein Infinitiv folgt.

> *Ich versuche, <u>den Text zu schreiben</u>.*

> *<u>Den ganzen Tag zu faulenzen</u>, das wäre jetzt richtig schön.*

ACHTUNG! Das *zu* kann im Wort eingeschlossen sein und ist dadurch nicht so einfach zu erkennen.

> *Der Dozent bittet seine Studenten darum, <u>jetzt besonders gut aufzupassen</u>.*

SO MACHEN SIE ALLES RICHTIG

Setzen Sie in den folgenden drei Fällen bei Infinitivgruppen ein Komma – lassen Sie es in allen anderen Fällen immer weg:

1. **Infinitiv und Konjunktion:** Wenn die Infinitivgruppe mit einer Konjunktion eingeleitet wird, müssen Sie ein Komma setzen. Die Konjunktionen sind: *um, ohne, statt, anstatt, außer, als.*
Entweder Sie prägen sich die sechs Wörter ein (es hilft, sie ein paar Mal hintereinander aufzusagen – wie beim Vokabellernen) oder Sie merken sich, dass das Komma gesetzt wird, wenn eine Konjunktion vor der Infinitivgruppe steht.

> *Er schreibt, <u>ohne auf die Uhr zu schauen</u>.*

> *Meine Schwester guckt einen Film, <u>anstatt zu lernen</u>.*

Der kleine Junge ging in den Laden, <u>um sich eine Tafel Schokolade zu kaufen.</u>

Ich will die Klausur lieber schlecht bestehen, <u>als den Kurs noch einmal machen zu müssen.</u>

<u>Statt bei dem schönen Wetter den ganzen Tag drinnen zu bleiben,</u> sollten wir lieber an den See fahren!

Ich habe für heute keine Pläne, <u>außer etwas richtig Leckeres zu kochen.</u>

2. **Infinitiv und Substantiv:** Wenn die Infinitivgruppe von einem Substantiv abhängt, müssen Sie auch immer ein Komma setzen.

Mein Professor gab mir <u>den Tipp, erst einmal eine Gliederung zu erstellen.</u>

Ob die Infinitivgruppe von einem Substantiv abhängt oder nicht, können sie leicht überprüfen:

Mein Professor gab mir den Tipp ... (welchen Tipp?) ... erst einmal eine Gliederung zu erstellen.

Susanna gab mir den Hinweis ... (welchen Hinweis?) ... lieber den späteren Zug zu nehmen.

Im folgenden Fall hingegen hängt die Infinitivgruppe nicht vom Substantiv ab:

Ich gebe mir <u>Mühe die Klausur zu bestehen.</u>

3. **Infinitiv und ankündigendes Wort:** Wenn der erweiterte Infinitiv durch ein Wort angekündigt oder wieder aufgenommen wird, muss ein Komma gesetzt werden.

> *Ich freue mich darauf, nachher in die Mensa zu gehen.*

> *In die Mensa zu gehen, darauf freue ich mich schon den ganzen Tag.*

> *Die ganze Nacht zu tanzen, das macht mir wirklich Spaß.*

> *Wir glauben nicht daran, das Turnier nächste Woche zu gewinnen.*

Außerdem gilt wie bei allen Kommaregeln, wenn der Satz sonst nicht eindeutig wäre, setzen Sie ein Komma:

> *Ulli plante oft in die Bibliothek zu gehen.*

Das Komma verändert hier die Aussage des Satzes:

> *Ulli plante, oft in die Bibliothek zu gehen.* vs. *Ulli plante oft, in die Bibliothek zu gehen.*

Im ersten Satz plant Ulli, häufig in die Bibliothek zu gehen; das Wort *oft* bezieht sich auf das Gehen in die Bibliothek. Im zweiten Satz hingegen bezieht sich *oft* auf das Planen: Er plante immer wieder, in die Bibliothek zu gehen.

ZUSAMMENFASSUNG

- Achten Sie auf das Wörtchen *zu!* Daran können Sie eine Infinitivgruppe erkennen (z. B. *zu rennen*).

- Trennen Sie die Infinitivgruppen in drei Fällen mit einem Komma ab: Wenn die Infinitivgruppe durch *um, ohne, statt, anstatt, außer, als* eingeleitet wird; wenn sie von einem Substantiv abhängt und wenn sie durch ein Wort angekündigt oder wiederaufgenommen wird.

- In allen anderen Fällen lassen Sie das Komma weg.

SECHS ÜBUNGSSÄTZE ZU DEN INFINITIVGRUPPEN
Lösungen auf Seite 69

1. Ich beeile mich um noch den früheren Zug zu kriegen.

2. Mein Professor gab mir den Rat alles noch einmal zu überarbeiten.

3. Ich versuche zu schreiben.

4. Mein Kollege hat in diesem Fall nichts zu sagen.

5. Ich freue mich darauf morgen mit dir in den Urlaub zu fahren.

6. Ich gebe die Hausarbeit ab ohne noch einen Blick darauf zu werfen.

1.3 DIE DRITTE STRATEGIE

Achten Sie auf Einschübe, Zusätze und Hervorhebungen!

Ein Einschub oder Zusatz beschreibt ein Wort oder einen Satzteil genauer oder fügt eine Zusatzinformation oder Erläuterung hinzu. Eine Hervorhebung betont ein Wort oder eine Wortgruppe. Sie können am Anfang, in der Mitte oder am Ende vom Satz stehen und fallen oft aus der normalen Struktur der Sätze heraus.

Er schreibt sehr verschiedene Texte, <u>fiktionale und nicht-fiktionale.</u>

Ich mag alle seine Bücher, <u>insbesondere die neueren.</u>

Sie kommt pünktlich, <u>d. h. um neun,</u> in unser Büro.

Der Autor, <u>Mitte zwanzig und aus Berlin,</u> hält hier nächste Woche eine Lesung.

<u>Dunkelrot und glänzend,</u> so habe ich mir mein Fahrrad immer gewünscht.

Exakt so, <u>mit viel Sorgfalt geplant,</u> wurde das Projekt zum Erfolg.

Mein Kommilitone, <u>immer gut vorbereitet,</u> hat eine 1,0 geschrieben.

Meine Dozentin, <u>noch ziemlich jung und sehr attraktiv,</u> bringt mich etwas durcheinander.

<u>In meiner neuen Wohnung,</u> da fühle ich mich richtig wohl.

Datums-, Wohnungs- und Literaturangaben, die aus mehreren Teilen bestehen, sind auch Einschübe.

Das nächste Treffen findet am Dienstag, <u>dem 18. März, um 12h,</u> im Seminarraum statt.

Sie wohnt in Berlin, <u>Schönhauser Allee 135, 4. OG,</u> und es gefällt ihr sehr.

Das ist ein Zitat aus der ZEIT, <u>Nr. 5, 2014, S. 8.</u>

➜ Achtung! Für Literaturangaben in wissenschaftlichen Texten beachten Sie bitte die Zitiervorgaben Ihres Fachbereiches!

Auch die Fälle der beiden bereits genannten Kommastrategien – Infinitivgruppen und Haupt- und Nebensätze – können eingeschoben sein.

Ich freue mich darauf, <u>im Urlaub den ganzen Tag in der Sonne zu liegen,</u> und bin gespannt, wie wir uns alle verstehen.

➜ Die Infinitivgruppe wird eingeschoben, der übergeordnete Satz geht danach weiter.

Ich sitze in der Bibliothek, <u>das hatte ich mir für heute fest vorgenommen,</u> und arbeite an meiner Masterarbeit.

➜ Der Hauptsatz wird eingeschoben, der übergeordnete Satz geht danach weiter.

Die Hausarbeit, <u>die ich letzte Woche angefangen habe,</u> geht gut voran.

➜ Der Nebensatz wird in den Hauptsatz eingeschoben.

Ich versuche, <u>heute Abend noch viel zu lernen, um morgen in der Prüfung alles zu können,</u> und halte mich mit Kaffee wach.

➜ Zwei eingeschobene Infinitivgruppen, der übergeordnete Satz geht danach weiter.

Auch der Relativsatz ist eine Form des Zusatzes: Ein Substantiv oder ein Pronomen wird näher erläutert.

Bring bitte deine Unterlagen mit und <u>die Bücher, die du letzte Woche ausgeliehen hast.</u>

➜ Relativsatz, *die Bücher* werden näher erläutert.

SO MACHEN SIE ALLES RICHTIG

Grenzen Sie all diese Einschübe, Zusätze oder Hervorhebungen mit einem Komma vom übergeordneten Satz ab. Achten Sie besonders auf Wörter, die diese markieren, z. B. *vor allem, d. h., nämlich, besonders, also, genau so.*

Ganz groß und hell, genau so habe ich mir meine Wohnung immer vorgestellt.

Der Student in der ersten Reihe nervt mich ziemlich, vor allem heute.

Eingeschobene Hauptsätze können auch mit Gedankenstrichen vom übergeordneten Satz getrennt sein.

Sie hat, das habe ich letzte Woche gesehen, in den Vorlesungen immer alles mitgeschrieben.

➜ *Hauptsatz mit eingeschobenem Hauptsatz*

oder

Sie hat – das habe ich letzte Woche gesehen – in den Vorlesungen immer alles mitgeschrieben.

➜ *Hauptsatz mit eingeschobenem Hauptsatz*

Vergessen Sie das abschließende Komma nicht, wenn der übergeordnete Satz danach noch weitergeht.

ACHTUNG! Das abschließende Komma muss in diesem Fall auch gesetzt werden, wenn eine Konjunktion folgt, bei der normalerweise kein Komma gesetzt wird (z. B. *und*).

Der Professor, von dem ich dir neulich erzählt habe, hält nächstes Semester ein spannendes Seminar.

➜ *Hauptsatz mit eingeschobenem Nebensatz*

Er hofft, dass er die Hausarbeit heute fertig schreiben wird, und drückt die Daumen, dass der Professor sie schnell korrigiert.

→ Hauptsatz, eingeschobener Nebensatz, Hauptsatz, Nebensatz

Die Bücher, die ich letzte Woche gelesen habe, und die Skripte, die mir mein Kommilitone geliehen hat, waren sehr hilfreich für die Vorbereitung auf die Klausur.

→ Hauptsatz mit zwei eingeschobenen Nebensätzen [Relativsätzen]

Er schreibt sehr schnell, weil er nicht mehr so viel Zeit hat und dadurch unter Druck steht, und macht kaum Pausen.

→ Hauptsatz, zwei eingeschobene Nebensätze, die mit und verbunden sind, Hauptsatz

AUSNAHMEN Es gibt für das abschließende Komma nur eine wichtige und zwei (für eigene Texte im Universitätsalltag) eher unwichtige Ausnahmen:

1. **Einschübe zwischen zusammenhängenden Wörtern:** Wenn der Einschub zwischen Adjektiv und Substantiv steht oder zwischen Hilfsverb und Verb wird kein abschließendes Komma gesetzt.

Ich mag rote, insbesondere dunkelrote Autos.

→ Einschub zwischen Adjektiv und Substantiv: rote Autos

Er lehnte sich zurück, als er die ganze Klausur geschrieben, d. h. eigentlich abgeschrieben hatte.

→ Einschub zwischen Hilfsverb und Verb: geschrieben hatte

2. **Namensbeisatz:** Wenn der angehängte Beisatz Teil des Namens ist, wird kein Komma gesetzt.

Karl <u>der Große</u> war König des Fränkischen Reichs.

Hardy Krüger <u>junior</u> ist ein deutscher Schauspieler.

3. **Feste Fügungen:** Wenn in festen Fügungen oder poetischen Texten ein allein stehendes Adjektiv nachgestellt wird, entfällt das Komma.

In einem Winter <u>bitterkalt</u>, verlief er sich im dunklen Wald.

ZUSAMMENFASSUNG

- Achten Sie auf Einschübe, Zusätze und Hervorhebungen! Denn diese müssen davor und danach mit einem Komma vom übergeordneten Satz abgetrennt werden.

- Auch Infinitivgruppen sowie Haupt- und Nebensätze können eingeschoben sein. Dann müssen sie mit Kommas eingeschlossen werden. Das gilt auch, wenn danach eine Konjunktion folgt, die kein Komma verlangt (z. B. *und*).

- Für das abschließende Komma gibt es drei Ausnahmen: Wenn der Einschub zwischen Adjektiv und Substantiv (z. B. *rote Autos*) steht oder zwischen Hilfsverb und Verb (z. B. *hat geschrieben*), wird kein abschließendes Komma gesetzt. Auch bei Namensbeifügungen (*Karl der Große*) und nachgestellten Adjektiven in festen Fügungen und poetischen Texten steht kein Komma.

FÜNF ÜBUNGSSÄTZE FÜR EINSCHÜBE, ZUSÄTZE UND HERVORHEBUNGEN
Lösungen auf Seite 70

1. Ich mag Kirschen sehr gerne besonders die ganz roten.

2. Meine Kollegin immer gut vorbereitet hat alle Unterlagen schon auf dem Tisch.

3. Ich bin gut gelaunt weil das Wetter so schön ist und freue mich auf den Tag.

4. Blond und sportlich so stelle ich mir meinen Traummann vor.

5. Ich habe mich erst schlafen gelegt als ich die ganze Wohnung gesaugt d. h. eigentlich gesaugt gewischt und aufgeräumt hatte.

1.4 DIE VIERTE STRATEGIE

Achten Sie auf Adjektivreihungen!

Wenn zwei oder mehr Adjektive („Wie-Wörter") hintereinander stehen, sind sie entweder gleichrangig oder sie sind nicht gleichrangig. Zwischen zwei gleichrangigen Adjektiven, die wie eine Aufzählung das Substantiv beschreiben, steht ein Komma. Zwischen nicht gleichrangigen Adjektiven steht kein Komma. In diesem Fall gibt es eine feste Zusammensetzung aus einem Adjektiv und einem Substantiv, die durch ein weiteres Adjektiv näher bestimmt wird.

> *Die schwierige politische Lage ist für alle Beteiligten problematisch.*

> ➜ *Kein Komma,* politische Lage *gehört zusammen,* schwierig *bestimmt dies näher; die Adjektive sind nicht gleichrangig*

> *Meine kluge, hübsche Freundin war der Star des Abends.*

> ➜ *Komma, die Adjektive sind gleichrangig*

SO MACHEN SIE ALLES RICHTIG

Hier gibt es leider keine schnelle Lösung oder verkürzte Regel. Aber es gibt zwei Tipps, die Sie anwenden können.

1. **Können Sie das Wort *und* problemlos dazwischen setzen?** Passt es auch inhaltlich zum Satz? Dann muss ein Komma gesetzt werden.

2. **Können die beiden Adjektive vertauscht werden?** Und geht das, ohne dass es umständlich klingt? Dann sind sie gleichrangig.

Meine <u>nette, hilfsbereite</u> Nachbarin hat mein Paket angenommen.

→ Zwischen die Adjektive *nett* und *hilfsbereit* könnte ein *und* gesetzt werden, das würde weder den Sinn verändern noch besonders umständlich klingen. Die Adjektive können auch vertauscht werden; der Satz würde dann lauten: *Meine hilfsbereite, nette Nachbarin hat mein Paket angenommen.*

Können Sie kein *und* dazwischen setzen oder die Adjektive vertauschen (bzw. verändert das den Sinn), setzen Sie kein Komma.

Ich wünsche dir ein <u>frohes neues</u> Jahr!

→ Man wünscht kein *frohes und neues Jahr* - *neues Jahr* gehört zusammen; die Adjektive sind also nicht gleichrangig. Man könnte sie auch nicht vertauschen: **Ich wünsche dir ein neues frohes Jahr.*

In einigen Fällen müssen Sie genauer gucken, denn manchmal zeigt nur der Zusammenhang, ob Adjektive gleichrangig sind.

Kannst du mir den <u>großen, roten</u> Apfel geben?

→ Die Adjektive sind gleichrangig, sie dienen beide dazu, den Apfel zu beschreiben.

Kannst du mir den <u>kleinen roten</u> Apfel geben? Dann kannst du den großen roten Apfel essen.

→ In diesem Fall ist *roter Apfel* eine Verbindung, die Adjektive *groß* und *klein* dienen dazu, die beiden roten Äpfel voneinander zu unterscheiden.

ZUSAMMENFASSUNG

- Achten Sie auf mehrere Adjektive hintereinander!

- Beschreiben sie gleichrangig ein Substantiv? Können Sie das Wort *und* dazwischen setzen? Können die Adjektive vertauscht werden? Dann setzen Sie ein Komma!

- Bildet das zweite Adjektiv mit dem Substantiv zusammen eine Einheit? Können die Adjektive nicht vertauscht werden? Dann setzen Sie kein Komma.

VIER ÜBUNGSSÄTZE ZU ADJEKTIVREIHUNGEN
Lösungen auf Seite 71

1. Seine einseitigen ignoranten Ansichten nerven mich langsam.

2. Bei dem heißen schwülen Wetter lege ich mich am besten den ganzen Tag in den Schatten.

3. Die gute wirtschaftliche Situation sorgt für gute Laune.

4. Der größte deutsche See ist der Bodensee.

1.5 DIE FÜNFTE STRATEGIE

Achten Sie auf Konjunktionen!

Konjunktionen (z. B. *dass, und, weil, wenn*) stellen Verbindungen zwischen Wörtern, Wortgruppen, Satzgliedern und Sätzen her. In Bezug auf die Kommaregeln muss man wissen, welche Konjunktionen mit und welche ohne Komma verwendet werden.

> *Ich habe <u>weder</u> diese Woche Urlaub gemacht <u>noch</u> werde ich das nächste Woche machen.*

> ➜ **Die Konjunktion** weder ... noch **wird ohne Komma verwendet.**

> *<u>Einerseits</u> würde ich gern am Wochenende wegfahren, <u>andererseits</u> habe ich ziemlich viel zu tun.*

> ➜ einerseits ... andererseits **wird mit Komma verwendet**

SO MACHEN SIE ALLES RICHTIG

Die meisten Konjunktionen werden mit Komma verwendet. Die Ausnahmen müssen Sie leider einfach auswendig lernen (oder immer wieder nachschlagen):
und, oder, sowohl ... als/wie auch, weder ... noch, nicht ... noch, entweder ... oder, bzw., respektive, sowie (= und), wie (= und).

In der Liste ab Seite 32 sind alle noch einmal mit Beispielen aufgezählt. Außerdem sind zum Vergleich viele wichtige Konjunktionen genannt, die mit Komma verwendet werden.
Die Konjunktionen *als* und *wie* sind ein wenig komplizierter. Wenn sie Wortgruppen verbinden, wird kein Komma gesetzt, wenn sie einen Nebensatz einleiten, wird ein Komma gesetzt:

Diese Prüfung lief viel besser als die letzte.

➜ **Die Konjunktion** als **dient zum Vergleich der beiden Prüfungen.**

Ich <u>habe</u> viel mehr gelernt, als nötig <u>war.</u>

➜ **Hier leitet** als **einen Nebensatz ein**

ACHTUNG! Einschübe erhalten ein abschließendes Komma, auch wenn danach eine Konjunktion ohne Komma kommt (z. B. *und*; siehe die dritte Strategie, Seite 20).

Manchmal steht vor der Konjunktion, die einen Nebensatz einleitet, noch ein einleitendes Wort.

Wir hatten einen richtig schönen Urlaub, <u>außer dass</u> es viel geregnet hat.

➜ **Konjunktion:** dass, **einleitendes Wort:** außer

In diesen Fällen können Sie das Komma immer weglassen, dann machen Sie nichts falsch.

Ich gehe abends gerne eine Runde joggen, <u>besonders wenn</u> ich tagsüber viel gesessen habe.

Es ist nicht wichtig, dass du immer ganz viel schaffst, <u>sondern dass</u> du jeden Tag ein bisschen daran arbeitest.

KONJUNKTIONEN: MIT ODER OHNE KOMMA? Die folgenden Konjunktionen ersetzen ein Komma. Alle anderen werden mit Komma verwendet.

KEIN KOMMA

und

Ich kaufe Äpfel, Bananen und Pfirsiche.

oder

Ich sage ihm nachher Bescheid oder schicke ihm eine E-Mail.

sowohl ... als/wie (auch)

Ich habe ihm sowohl eine E-Mail geschrieben als auch telefonisch Bescheid gesagt.

weder ... noch

Ich habe weder Zeit noch Lust zum Spielen.

nicht ... noch

Ich habe ihn nicht gesehen noch von ihm gehört.

entweder ... oder

Entweder du machst es jetzt oder du lässt es ganz.

bzw. (beziehungsweise)

Ich habe mich darum gekümmert bzw. ich bin gerade dabei.

respektive

Er fand das Verhalten seines Freundes merkwürdig respektive geradezu unverschämt.

sowie

Ich habe Urlaub beantragt, ein Hotelzimmer gebucht sowie einen Flug reserviert.

als

Das Wetter ist heute besser als gestern.

→ Achtung! Wenn ein Nebensatz folgt oder eine Infinitivgruppe eingeleitet wird, muss ein Komma gesetzt werden.

wie

Das Wetter ist heute genauso gut wie gestern.
Er hat sein Haus innen wie außen knallgelb gestrichen.

→ Achtung! Wenn ein Nebensatz folgt, wird das Komma gesetzt.

KOMMA (AUSWAHL)

als und wie

Das Wetter ist heute genauso schön, wie es gestern war.
Es ist viel schöner dich zu treffen, als dich immer nur am Telefon zu hören.

→ Achtung! Nur wenn ein Nebensatz/konjugiertes Verb folgt oder wenn eine Infinitivgruppe eingeleitet wird.

einerseits … andererseits

Einerseits will er schnell fertig werden, andererseits genießt er das Studentendasein.

aber

Fleisch und Fisch esse ich nicht, aber Milchprodukte.

jedoch/doch

Normalerweise habe ich immer Appetit auf Nudeln, jedoch nicht heute.

nicht

Ich werde erst nächstes Semester fertig, nicht dieses.

sondern

Ich arbeite nicht im Büro, sondern zuhause.

vielmehr

Die Idee ist gut, vielmehr richtig großartig!

und zwar

Ich fange so schnell wie möglich an, und zwar jetzt.

je … desto

Je schneller wir fertig sind, desto besser.

ob … ob

Ob groß, ob klein, alle haben ihren Spaß.

zum einen … zum anderen

*Zum einen wollte ich das schon immer mal machen,
zum anderen bin ich eh in der Gegend.*

nicht nur/bloß … sondern (auch)

*Ich habe ihm nicht nur eine E-Mail geschrieben,
sondern auch versucht, ihn telefonisch zu erreichen.*

zwar … aber/jedoch

Ich habe zwar Mehl, aber keine Eier.

halb … halb

Der Kuchen besteht halb aus Dinkel-, halb aus Weizenmehl.

ZUSAMMENFASSUNG

● Achten Sie auf Konjunktionen! (z. B. *sowohl ... als auch*)

● Bei der Mehrzahl der Konjunktionen muss vorher ein Komma gesetzt werden, die Ausnahmen sind: *und, oder, sowohl ... als/wie auch, weder ... noch, nicht ... noch, entweder ... oder, bzw., respektive, sowie, wie (= und)/als* (nur bei Wortgruppen).

● Achtung bei Einschüben! Diese werden von Kommas eingeschlossen, auch wenn danach eine Konjunktion ohne Komma folgt (z. B. *und*).

● Wenn vor der Konjunktion noch ein einleitendes Wort steht (z. B. *sondern dass*), kommt dazwischen kein Komma.

FÜNF ÜBUNGSSÄTZE ZU KONJUNKTIONEN
Lösungen auf Seite 72

1. Ich habe sowohl gekocht als auch den Tisch gedeckt.

2. Ich möchte nicht Jura studieren sondern Medizin.

3. Einerseits klingt das sehr verlockend andererseits muss ich wirklich noch lernen.

4. Mein Kollege hat alle Unterlagen bearbeitet sowie die Telefonate geführt.

5. Meine Freundin möchte weder hart arbeiten noch viel Geld verdienen.

1.6 EXTRA I
Regeln, die keine Probleme bereiten

Hier sind alle bisher noch nicht genannten Regeln aufgelistet. Sie sind entweder unproblematisch oder so bekannt, dass hier gemeinhin keine Fehler gemacht werden. Der Vollständigkeit halber seien sie hier jedoch trotzdem genannt.

AUFZÄHLUNGEN (von Wörtern oder gleichrangigen Wortgruppen) werden mit einem Komma getrennt. Es sei denn, sie werden durch eine Konjunktion wie *und* oder *oder* getrennt (siehe die fünfte Strategie).

> *Ich kaufe Äpfel, Bananen, Birnen und Tomaten.*

Vorangestellte Namen und Titel werden nicht durch Kommas getrennt.

> *Professor Dr. Manfred Kaiser*

ANREDEN UND AUSRUFE werden mit einem Komma vom dazugehörigen Satz abgetrennt.

> *Opa, gibst du mir mal den Wein?*

> *Hallo, was machst du denn da?*

> *Ach, das ist aber ungerecht!*

> *Ja, das würde ich auch so machen.*

DIREKTE REDE wird mit einem abschließenden Komma vom übrigen Satz abgegrenzt:

„Nächste Woche", sagte sie, „fahren wir mit dem Auto nach Frankreich."

Das gilt auch, wenn die direkte Rede mit einem Fragezeichen oder Ausrufezeichen endet:

„Kannst du mir mal den Wein geben?", fragte er.

„Ich beeile mich!", rief sie.

Wenn die direkte Rede mit einem Punkt endet, wird dieser weggelassen, wenn der Satz danach noch weitergeht:

„Ich gehe jetzt nach Hause."

„Ich gehe jetzt nach Hause", sagte sie.

➔ ohne Punkt hinter der direkten Rede

1.7 EXTRA II
Typische Fehler

Es gibt Kommafallen – hier werden oft Fehler gemacht. Um das zu verhindern, schauen Sie sich diese typischen Fälle an!

ADVERBIALE BESTIMMUNGEN werden mit Einschüben oder Nebensätzen verwechselt.

Adverbiale Bestimmungen sind Umstandsbestimmungen, z. B. Erläuterungen über die Zeit, den Ort, die Gründe oder die Art und Weise. Diese werden nicht mit Kommas vom Satz getrennt. Adverbiale Bestimmungen geben beispielsweise einen Ort (wo?), einen Grund (warum?), einen Zeitpunkt (wann?) oder eine Art (wie?) an. Da diese adverbialen Bestimmungen aus relativ vielen Wörtern bestehen können, mag man denken, dass zwischendurch ein Komma gesetzt werden müsste – das ist aber nicht so.

> *Um acht Uhr morgens kam meine Freundin wieder nach Hause.*

> *Aufgrund eines heftigen Schneesturms gestern Abend in Berlin konnten viele Flugzeuge nicht starten.*

> *Nach langen Diskussionen mit den Teammitgliedern und vielen Änderungen haben sie den Text endlich veröffentlicht.*

> *Fünf Jahre, drei Monate und sechs Tage nach ihrem plötzlichen Verschwinden hörte ich wieder von ihr.*

Wenn Sie sich unsicher sind, ob es sich um eine adverbiale Bestimmung handelt, überprüfen Sie, ob ein konjugiertes Verb auftaucht. Wenn das nicht der Fall ist, wird auch kein Komma gesetzt.

GRUßFORMELN in Briefen oder E-Mails werden versehentlich mit einem Komma abgetrennt.

Zwischen den abschließenden Grüßen (*Mit freundlichen Grüßen, Viele Grüße* etc.) und dem eigenen Namen steht kein Komma. Die Grüße stehen allein da:

Mit freundlichen Grüßen
Helga Peters

Wem das zu leer vorkommt, der kann (in weniger formellen E-Mails) ein Ausrufezeichen dahinter setzen:

Viele Grüße!
Tina

VERGLEICHE mit den Wörtern *als* und *wie* werden mit Nebensätzen verwechselt.

Wenn vergleichende Konjunktionen nur Wörter verbinden und keine Sätze oder (bei *als*) Infinitivgruppen, setzt man kein Komma.

Die letzte Klausur lief viel besser, als ich erwartet hatte.

→ Hauptsatz, Nebensatz; als verbindet hier zwei Teilsätze

Es ist besser zu gehen, als hier nutzlos herumzusitzen.

→ Hier leitet als die Infinitivgruppe ein, dann muss immer ein Komma gesetzt werden

Die Wohnung ist genauso groß wie die Wohnung meiner Nachbarin.

→ Hier verbindet wie die beiden Wohnungen, also nur Wörter; es gibt auch nur ein konjugiertes Verb

ABSCHLIEßENDE KOMMAS **werden vergessen.**

Einschübe müssen mit einem abschließenden Komma versehen werden, wenn der Satz danach noch weitergeht, das gilt auch für eingeschobene Haupt- und Nebensätze sowie eingeschobene Infinitivgruppen.

Das Wetter ist schön, <u>das wurde ja auch so angekündigt,</u> und ich werde später noch spazieren gehen.

Ich warte darauf, <u>endlich in den Urlaub fahren zu können,</u> und hoffe, dass es schön wird.

2.
DIE DETAILLIERTEN REGELN

2.1 DAS KOMMA BEI KONJUGIERTEN VERBEN

Diese detaillierte Regel eröffnet Ihnen ein paar mehr Freiheiten in Bezug auf die Regelung bei Konjunktionen und bei verkürzten Nebensätzen. Außerdem werden hier die verschiedenen Satzverbindungen (Haupt- und Nebensätze) einzeln durchgegangen.

1. **Zwischen zwei Hauptsätzen steht ein Komma.** Es sei denn, sie werden durch eine der Konjunktionen *und, oder, sowohl … als/wie auch, weder … noch, nicht … noch, entweder … oder, bzw., respektive, sowie (= und), wie (= und)* voneinander getrennt. In diesen Fällen kann man aber trotzdem ein Komma setzen, wenn man die Gliederung des Satzes deutlich machen möchte oder um Missverständnissen vorzubeugen.

Mein Kommilitone ist schlau, er hat mich schon einige Male sehr überrascht.

→ Hauptsatz, Hauptsatz

Mein Kommilitone ist schlau oder zumindest macht er den Anschein.

→ Hauptsatz *oder* Hauptsatz

Entweder frage ich meinen Professor[,] oder du guckst noch einmal in deinen Unterlagen nach.

→ Hauptsatz [,] *oder* Hauptsatz

Das schließende Komma eines eingeschobenen Haupt- oder Nebensatzes bleibt auch vor diesen Konjunktionen erhalten.

Entweder <u>frage</u> ich meinen Professor, er <u>hat</u> mir schon oft weitergeholfen, oder du <u>guckst</u> noch einmal in deinen Unterlagen nach.

→ Hauptsatz, eingeschobener Hauptsatz, *oder* Hauptsatz

Mein Freund <u>ist</u> unsicher, weil er im Seminar niemanden <u>kennt,</u> und <u>genervt,</u> weil alle schon einen Partner für die Teamarbeit <u>haben.</u>

→ Hauptsatz, eingeschobener Nebensatz, *und* Hauptsatz, Nebensatz

2. Haupt- und Nebensätze werden immer mit einem Komma voneinander getrennt. Wenn Sie also zwei konjugierte Verben vorfinden, schauen Sie genau hin.

Wenn mein Praktikum vorbei <u>ist, will</u> ich noch ein bisschen reisen.

→ Nebensatz, Hauptsatz

Ich <u>hoffe,</u> dass ich nach meinem Praktikum noch ein bisschen reisen <u>kann.</u>

→ Hauptsatz, Nebensatz

3. Eingeschobene Nebensätze werden von Kommas eingeschlossen. (Siehe auch Kapitel 2.3 *Das Komma bei Einschüben, Zusätzen und Hervorhebungen*, Seite 54)

Über die Neuigkeit, <u>dass ich nach dem Praktikum noch einige Wochen Zeit habe,</u> bin ich sehr überrascht.

→ Hauptsatz mit eingeschobenem Nebensatz

4. **Auch zwischen gleichrangigen Nebensätzen steht ein Komma.** Es sei denn, sie sind durch eine der Konjunktionen *und, oder, sowohl ... als/wie auch, weder ... noch, nicht ... noch, entweder ... oder, bzw., respektive, sowie (= und), wie (=und)* voneinander getrennt:

Wenn es dir nichts <u>ausmacht</u>, wenn du wirklich Zeit dafür <u>hast, wäre</u> es toll, wenn du mir helfen <u>würdest</u>.

→ *Nebensatz, Nebensatz, Hauptsatz, Nebensatz*

Wenn es dir nichts <u>ausmacht</u> und wenn du wirklich Zeit dafür <u>hast, wäre</u> es toll, wenn du mir helfen <u>würdest</u>.

→ *Nebensatz und Nebensatz, Hauptsatz, Nebensatz*

5. **Ein Komma trennt auch Nebensätze verschiedenen Grades.** Das bedeutet, wenn ein Nebensatz wiederum noch einen eigenen Nebensatz enthält, muss auch dieser mit Kommas abgetrennt werden.

Er muss die Hausarbeit diese Woche fertig schreiben, weil es sonst sein kann, dass der Teilnahmeschein nicht mehr rechtzeitig ausgestellt wird.

→ *Hauptsatz, Nebensatz, untergeordneter Nebensatz*

6. **Auch verkürzte Teilsätze, die kein Verb enthalten, werden mit Kommas abgetrennt.** Der Teilsatz, der normalerweise das Komma enthält, muss dann gedanklich ergänzt werden, um das Komma richtig zu setzen.

Hauptsache, du hist schnell wieder da.

→ *Die Hauptsache <u>ist</u>, du <u>bist</u> schnell wieder da.*

Erst die Arbeit, dann das Vergnügen.

→ Erst <u>kommt</u> die Arbeit, dann <u>kommt</u> das Vergnügen.

Wenn jedoch diese verkürzten Teilsätze formelhaft gebraucht werden, kann das Komma weggelassen werden. Formelhaft sind die Teilsätze dann, wenn sie zwar verkürzt sind, aber durch sehr häufige Verwendung in den normalen Sprachgebrauch übergegangen sind. Diese Unterscheidung ist aber natürlich nicht immer leicht zu treffen, im Zweifel setzen Sie einfach ein Komma.

Wir wollen das[,] wenn möglich[,] heute noch klären.

Meine Schwester kommt[,] wie immer[,] zehn Minuten zu spät.

ACHTUNG! Manchmal ist beispielsweise zwischen einem Haupt- und einem Nebensatz noch ein Satzglied eingeschoben:

Wenn es stürmt oder bei starkem Regen ist das Baden verboten.

→ **Nebensatz:** Wenn es stürmt; **zusätzliches Satzglied:** bei starkem Regen; **Hauptsatz:** ist das Baden verboten

Ohne das zusätzliche Satzglied würde der Satz folgendermaßen aussehen:

Wenn es <u>stürmt, ist</u> das Baden verboten.

Es muss ein Komma gesetzt werden, es gibt zwei konjugierte Verben. Wird nun das zusätzliche Satzglied durch eine Konjunktion wie *und/oder* angefügt, muss das Komma nur gesetzt werden, wenn der Nebensatz an den Hauptsatz grenzt:

Bei starkem Regen oder wenn es stürmt, ist das Baden verboten.

Wenn das zusätzliche Satzglied zwischen Haupt- und Nebensatz steht, entfällt das Komma.

Wenn es stürmt oder bei starkem Regen ist das Baden verboten.

2.2 DAS KOMMA BEI INFINITIVGRUPPEN

Bei Infinitivgruppen kann man sich oft aussuchen, ob man ein Komma setzen möchte oder nicht. Es gibt jedoch Fälle, bei denen kein Komma gesetzt werden darf, und die schon oben genannten Fälle, bei welchen ein Komma gesetzt werden muss. Diese werden hier noch einmal genauer betrachtet.

Es ist sinnvoll, den Unterschied zwischen einfachem und erweitertem Infinitiv zu kennen. Der einfache Infinitiv besteht nur aus der Grundform des Verbs und dem Wort *zu*.

> *Er hat vergessen zu reservieren.*

Beim erweiterten Infinitiv sind noch weitere Wörter ergänzt.

> *Er hat vergessen, Plätze im Zug zu reservieren.*

Es gibt die schon oben genannten Regeln, in welchen Fällen ein Komma gesetzt werden muss. Im ersten Fall ist das Komma immer verpflichtend; bei der zweiten und dritten Regel kann das Komma jedoch beim einfachen Infinitiv weggelassen werden.

1. **Wenn die Infinitivgruppe mit einer Konjunktion eingeleitet wird,** müssen Sie immer ein Komma setzen. Die Konjunktionen sind: *um, ohne, statt, anstatt, außer* oder *als*.

> *Ohne sich umzudrehen, ging Martin aus dem Raum.*

> *Lass uns lieber eine Wanderung machen, anstatt am Strand zu liegen.*

> *Ich habe viel gelernt, um den Test möglichst gut zu bestehen.*

> *Anna will lieber ins Kino gehen, als sich mit Freunden in der Bar zu treffen.*

Statt den ganzen Tag nur zu lesen, könntest du mal ein bisschen rausgehen!

Ich habe bei der Hitze zu nichts Lust, außer mich in den Pool zu legen.

2. **Wenn die Infinitivgruppe von einem Substantiv abhängt**, muss ein Komma gesetzt werden:

Ich habe den Plan, nächstes Semester scheinfrei zu sein.

Beim einfachen Infinitiv können Sie sich aussuchen, ob Sie ein Komma setzen möchten:

Ich habe den Plan zu verreisen.

oder

Ich habe den Plan, zu verreisen.

3. **Wenn der erweiterte Infinitiv durch ein Wort angekündigt oder wieder aufgenommen wird**, muss ein Komma gesetzt werden:

Ich mag es, abends lange wach zu bleiben.

Sie so schnell wiederzusehen, damit hatte er nicht gerechnet.

Auch hier können Sie sich beim einfachen Infinitiv aussuchen, ob Sie ein Komma setzen möchten:

Wir glauben daran zu gewinnen.

oder

Wir glauben daran, zu gewinnen.

Außerdem gibt es drei Fälle, in denen kein Komma gesetzt werden sollte – egal ob der Infinitiv erweitert ist oder nicht.

A **Wenn die Infinitivgruppe von einem Hilfsverb (*haben, sein, werden*) abhängt**, wird kein Komma gesetzt. In diesem Fall gehört das Hilfsverb zum Infinitiv dazu. Der Satzteil mit dem Hilfsverb kann nicht sinnvoll allein stehen:

> *Er hat nichts zu verlieren.*

> → nichts zu verlieren haben **gehört zusammen**. *Er hat nichts **kann nicht allein stehen, ohne den Sinn zu verändern**.

> *Er ist sich wirklich für nichts zu schade.*

> → sich für nichts zu schade sein **gehört zusammen**. *Er ist sich wirklich **kann nicht sinnvoll allein stehen**.

In diesen Fällen hingegen hängt die Infinitivgruppe nicht von *haben, sein* und *werden* ab:

> *Ich habe Angst davor, durch die Prüfung zu fallen.*

> → durch die Prüfung zu fallen **ist die Infinitivgruppe**. Ich habe Angst davor **könnte auch allein stehen**.

> *Er wird Arzt, um möglichst vielen Menschen zu helfen.*

> → möglichst vielen Menschen zu helfen **ist die Infinitivgruppe**. Er wird Arzt **könnte auch allein stehen**.

B Wenn der erweiterte Infinitiv von einem Modalverb abhängt, wird kein Komma gesetzt. Die Verben *brauchen, pflegen, scheinen, drohen, verstehen* oder *wissen* können z. B. als Modalverb verwendet werden. Genau wie bei den Hilfsverben kann man das daran erkennen, dass dieser Teil inhaltlich nicht sinnvoll allein stehen kann. Es wird kein Komma gesetzt:

> *Du <u>brauchst</u> mir das nicht zweimal zu sagen.*

➡ *Du brauchst mir das.

> *Er <u>pflegt</u> sonntags immer spät aufzustehen.*

➡ *Er pflegt.

In einigen Fällen müssen Sie genauer schauen, wie die Verben verwendet werden:

> *Der Reiter <u>droht</u> vom Pferd zu fallen.*

➡ *Der Reiter droht* **kann so nicht sinnvoll allein stehen, weil der Reiter hier niemandem droht;** *drohen* **wird verwendet, um das Verb** *fallen* **zu charakterisieren: Es besteht die Gefahr, dass der Reiter vom Pferd fällt.**

> *Die Studentin <u>weiß</u> ihre Schönheit clever einzusetzen.*

➡ **Auch hier wird** *wissen* **nicht in der eigentlichen Bedeutung verwendet, sondern im Sinne von** *können.*

> *Sie <u>versteht</u> die Menge für sich zu gewinnen.*

➡ *Sie versteht* **könnte zwar allein stehen, würde aber einen anderen Sinn bekommen. Verstehen hat hier nichts mit** *hören* **oder** *kapieren* **zu tun, sondern wird im Sinne von** *können* **verwendet. Es kann also in dieser Bedeutung nicht sinnvoll allein stehen.**

Im Unterschied dazu hängt der Infinitiv in den nächsten Beispielen nicht von *wissen* oder *drohen* ab:

Die Gewerkschaft droht mit Streik, um die Verhandlungen voranzubringen.

→ In diesem Fall droht die Gewerkschaft wirklich. **Der erste Teil** Die Gewerkschaft droht mit Streik **kann sinnvoll allein stehen.**

Sie weiß alle Regeln, um in der Prüfung gut abzuschneiden.

→ Hier hat wissen die eigentliche Bedeutung und ist unabhängig vom Infinitiv. Sie weiß alle Regeln **könnte auch allein stehen.**

C **Wenn die normale Satzreihenfolge verändert ist** und die beiden Satzteile (der erweiterte Infinitiv und der übergeordnete Satz) miteinander verflochten sind, wird kein Komma gesetzt:

Wenn der erweiterte Infinitiv …

… mit dem übergeordneten Satz verschränkt ist.

Das englische Buch will ich zu lesen versuchen. = Ich will versuchen, das englische Buch zu lesen.

… den übergeordneten Satz einschließt

Das englische Buch versuche ich zu lesen. = Ich versuche, das englische Buch zu lesen.

… vom Verb eingeschlossen ist.

Wir hatten das englische Buch zu lesen versucht. = Wir hatten versucht, das englische Buch zu lesen.

2.3 DAS KOMMA BEI EINSCHÜBEN, ZUSÄTZEN UND HERVORHEBUNGEN

Es gilt auch bei den detaillierten Regeln: Einschübe, Zusätze und Hervorhebungen werden mit einem Komma vom übergeordneten Satz abgetrennt. Für nachgestellte Zusätze und Hervorhebungen gilt das Gleiche wie in den reduzierten Regeln.

Bei bestimmten Einschüben haben Sie aber die Wahl, ob Sie Kommas setzen möchten oder nicht:

1. **Mehrteilige Datums-, Wohnungs- und Literaturangaben werden mit Kommas voneinander abgegrenzt.** Sie können aber entweder als Einschübe oder als Aufzählungen gesehen werden, das abschließende Komma ist deshalb optional.

> *Am Montag, den 17. Mai, um 10 Uhr[,] ist der nächste freie Termin.*

> *Meine Freundin ist nach Hamburg, Eppendorfer Weg 3[,] umgezogen.*

> *Das Zitat aus der Süddeutschen Zeitung, Nr. 18, 2012, S. 10[,] ist sehr überzeugend.*

➔ *Achtung! Für Literaturangaben in wissenschaftlichen Texten beachten Sie bitte die Zitiervorgaben Ihres Fachbereiches!*

2. **Bei eingeschobenen Sätzen und Infinitivgruppen sind die Kommas immer verpflichtend.** Vergessen Sie das abschließende Komma nicht, wenn der übergeordnete Satz danach noch weitergeht. In diesem Fall muss das abschließende Komma auch gesetzt werden, wenn eine Konjunktion folgt, vor der normalerweise kein Komma gesetzt wird (z. B. *und*).

Der Kommilitone, <u>der letzte Woche ein Referat gehalten hat,</u> beteiligt sich heute sehr oft.

→ *Hauptsatz mit eingeschobenem Nebensatz*

Er läuft sehr schnell, <u>um die U-Bahn noch zu erwischen,</u> und versucht gleichzeitig, sein Ticket aus dem Portemonnaie zu kramen.

In allen anderen Fällen ist das Komma nur in zwei Fällen verpflichtend: wenn die Wortgruppe mit einem hinweisenden Wort angekündigt oder wiederaufgenommen wird.

Exakt <u>so, mit viel Sorgfalt geschrieben,</u> wurde das Projekt zum Erfolg.

<u>Gut bezahlt und flexibel, so</u> stelle ich mir meine zukünftige Arbeit vor.

Ansonsten können Sie die Kommas weglassen, wenn keine Missverständnisse entstehen können und die Satzgliederung auch ohne Kommas deutlich ist.

In südeuropäischen Ländern[,] wie Frankreich oder Spanien[,] ist es jetzt bestimmt schön.

Mein Dozent[,] Peter Mühlhausen[,] hat uns drei Texte zum Lesen mitgegeben.

Eingeschobene Hauptsätze können auch mit Gedankenstrichen vom übergeordneten Satz getrennt sein.

Er hat, <u>das muss ich zugeben,</u> ein richtig gutes Referat gehalten.

→ *Hauptsatz mit eingeschobenem Hauptsatz*

oder

Er hat – <u>das muss ich zugeben</u> – ein richtig gutes Referat gehalten.

→ *Hauptsatz mit eingeschobenem Hauptsatz*

AUSNAHMEN Außerdem gelten die drei bereits genannten Ausnahmen, bei denen kein abschließendes Komma gesetzt werden darf:

A **Einschübe zwischen zusammenhängenden Wörtern:** Wenn der Einschub zwischen Adjektiv und Substantiv steht oder zwischen Hilfsverb und Verb, wird kein abschließendes Komma gesetzt.

> *Ich lese gern <u>spannende</u>, besonders hochspannende <u>Krimis</u>.*

> ➜ *Einschub zwischen Adjektiv und Substantiv:* spannende Krimis

> *Es war ihm unangenehm, dass er den Termin <u>verpasst</u>, d. h. eigentlich verschlafen <u>hatte</u>.*

> ➜ *Einschub zwischen Hilfsverb und Verb:* verpasst hatte

B **Namensbeisatz:** Wenn der angehängte Beisatz Teil des Namens ist, wird kein Komma gesetzt.

> *Johannes Paul <u>II</u> war 26 Jahre und 5 Monate Papst der römisch-katholischen Kirche.*

> *Alan Hale <u>senior</u> war ein amerikanischer Schauspieler und Regisseur.*

C **Feste Fügungen:** Wenn in festen Fügungen oder poetischen Texten ein allein stehendes Adjektiv nachgestellt wird, wird kein Komma gesetzt.

> *An diesem Sommertage <u>heiß</u>, da wünsch' ich mir ein Erdbeereis.*

2.4 DAS KOMMA BEI ADJEKTIVREIHUNGEN

Hier gibt es keine Unterschiede zu den reduzierten Regeln.

Zwischen zwei gleichrangigen Adjektiven, die wie eine Aufzählung das Substantiv beschreiben, steht ein Komma. Zwischen nicht gleichrangigen Adjektiven steht kein Komma. In diesem Fall gibt es eine feste Zusammensetzung aus einem Adjektiv und einem Substantiv, die durch ein weiteres Adjektiv näher bestimmt wird.

> *Der höchste französische Berg heißt Mont Blanc.*

➜ **Kein Komma,** französischer Berg **gehört zusammen,** hoch **bestimmt dies näher; die Adjektive sind nicht gleichrangig**

> *Die angespannten finanziellen Verhältnisse werden langsam zu einer Zerreißprobe für die ganze Familie.*

➜ **Kein Komma,** finanzielle Verhältnisse **gehört zusammen,** angespannt **bestimmt dies näher; die Adjektive sind nicht gleichrangig**

> *Meine anstrengende, arbeitsreiche Woche neigt sich dem Ende zu.*

➜ **Komma, die Adjektive sind gleichrangig**

> *Julis schöner, erholsamer Urlaub macht ihr noch die ganzen nächsten Wochen gute Laune.*

➜ **Komma, die Adjektive sind gleichrangig**

2.5 DAS KOMMA BEI KONJUNKTIONEN

Die detaillierte Regel bietet mehr Freiheiten bei Satzverbindungen und bei mehrteiligen Nebensatzeinleitungen.

1. **Satzverbindungen:** Wenn Sätze durch eine Konjunktion miteinander verbunden sind, die das Komma eigentlich ersetzt (z. B. *und*), kann trotzdem ein Komma gesetzt werden, um die Satzgliederung zu verdeutlichen.

> *Meine Schwester arbeitet in der Uni[,] und mein Bruder macht eine Ausbildung zum Physiotherapeuten.*

> *Musst du dieses Wochenende an der Hausarbeit schreiben[,] oder hat dir dein Professor noch etwas Aufschub gegeben?*

Ansonsten gilt wie in den reduzierten Regeln: Die meisten Konjunktionen werden mit Komma verwendet. Die Ausnahmen sind: *und, oder, sowohl ... als/wie auch, weder ... noch, nicht ... noch, entweder ... oder, bzw., respektive, sowie (= und), wie (= und; nur bei Wortgruppen; siehe die fünfte Strategie).*

ACHTUNG! Einschübe erhalten ein abschließendes Komma, auch wenn eine Konjunktion ohne Komma folgt (z. B. *und*; siehe die dritte Strategie, Seite 20).

2. **Mehrteilige Nebensatzeinleitungen:** Manchmal steht vor der Konjunktion, die einen Nebensatz einleitet, noch ein einleitendes Wort. In diesen Fällen steht in der Regel kein Komma.

Immer wenn ich ihn sehe, will ich ihn fragen, wie er damals die Prüfung bestanden hat.

Ich freue mich auf die nächste Woche, *besonders weil* das Wetter so gut werden soll.

Sie können aber ein Komma setzen, um das Wort besonders zu betonen – ähnlich wie eine kurze Pause in der gesprochen Sprache:

Egal, wie du deinen Abschluss machst, den Job hast du sicher.

Angenommen, dass er noch kommt, lege ich für ihn etwas Essen zur Seite.

2.6 DAS KOMMA BEI AUFZÄHLUNGEN

Aufzählungen (von Wörtern oder gleichrangigen Wortgruppen) werden mit einem Komma getrennt, wenn sie nicht durch eine Konjunktion wie *und* oder *oder* getrennt sind (siehe die fünfte Strategie, Seite 30).

Ich kaufe Klebeband, Farbe und Spachtelmasse.

Mehrteilige Datums-, Wohnungs- und Literaturangaben werden mit Kommas voneinander abgegrenzt. Es steht Ihnen frei, diese als Aufzählungen oder als Einschübe zu interpretieren. Wenn Sie diese Angaben als Aufzählungen sehen (und nicht als Einschübe), wird kein abschließendes Komma gesetzt:

Tanja Schilling wohnt in einer Wohnung in Bremen, Brunnengasse 5, 2. Stock und fühlt sich dort sehr wohl.

→ Kein Komma hinter 2. Stock. Ebenso können Sie die Wohnortsangabe aber als Einschub interpretieren und ein abschließendes Komma hinter 2. Stock setzen.

Vorangestellte Namen und Titel werden nicht durch Kommas getrennt:

Professor Dr. Angela Brenner

2.7 DAS KOMMA BEI AUSRUFEN UND ANREDEN

Anreden und Ausrufe werden mit einem Komma vom dazugehörigen Satz abgetrennt:

Mama, kannst du mir das mal erklären?

Hey, lass das!

Oh, das wusste ich nicht!

Nein, das macht mir gar nichts aus.

2.8 DAS KOMMA BEI DIREKTER REDE

Die direkte Rede wird mit einem Komma vom übrigen Satz abgegrenzt:

„Warte mal", sagte sie, „ich helfe dir."

➜ Nach der direkten Rede wird ein Komma gesetzt, da der Satz noch weiter geht, und vor der nächsten direkten Rede wird noch einmal ein Komma gesetzt.

Das gilt auch, wenn die direkte Rede mit einem Fragezeichen oder Ausrufezeichen endet:

„Warst du heute schon einkaufen?", fragte Peter seine Freundin.

➜ Die direkte Rede endet mit einem Fragezeichen, trotzdem wird nach der direkten Rede ein Komma gesetzt.

„Wie schön!", rief Emma und holte die Sektgläser.

➜ Die direkte Rede endet mit einem Ausrufezeichen, trotzdem wird nach der direkten Rede ein Komma gesetzt.

Wenn die direkte Rede mit einem Punkt endet, wird dieser weggelassen, wenn der Satz danach noch weitergeht:

„Ich gehe später noch joggen."

➜ Die direkte Rede endet mit einem Punkt.

„Ich gehe später noch joggen", sagte sie.

➜ Nach der direkten Rede geht der Satz noch weiter, der Punkt wird also weggelassen.

3.
GEMISCHTE ÜBUNGSSÄTZE

1. *Ich weiß nicht genau wie ich das am besten formulieren soll.*

2. *Nina sollte versuchen nächste Woche einen Arzttermin zu bekommen.*

3. *In unserer Wohnküche hell und sehr gemütlich fehlt jetzt nur noch ein Regal dann ist sie fertig.*

4. *Meine Schwiegermutter und ich sind gestern nach der langen Sightseeingtour noch in einem sehr netten italienischen Café gewesen.*

5. *Wie ich die ganzen Einkaufstüten nach Hause kriegen soll weiß ich noch nicht genau.*

6. *Ich habe Literaturwissenschaft und Politik studiert um mich noch nicht so früh auf einen Beruf festzulegen.*

7. *Anton sollte sich lieber überlegen welcher Beruf ihm wirklich Spaß machen würde anstatt an seinem Job zu klammern.*

8. *Ich brauche eine neue amtliche Beglaubigung die alte habe ich verloren.*

9. *Nach langen Diskussionen vielen genervten Gesichtern und sehr viel Kaffee sind wir uns heute endlich einig geworden.*

10. *Lisa hat ihrer WG letzte Woche eine Standpauke gehalten und ist dann aus dem Zimmer gegangen ohne sich noch einmal umzusehen.*

11. *Er freut sich sehr auf die Semesterferien besonders weil er in den letzten Ferien so viel lernen musste.*

12. *Die Hausarbeit die ich letzte Woche abgegeben habe ist nicht so gut geworden.*

13. *Ich habe Tina meiner Schwester gestern ein gutes Buch und Schokolade mitgebracht um sie ein wenig aufzuheitern.*

14. *Durch die Verbildlichung von Träumen Fantasien und gelesenen Geschichten erhält der Zuschauer unmittelbar Einblick in die Gedanken des Protagonisten.*

15. *Er entschied sich dazu eine Hausarbeit zu schreiben.*

16. *Das Buch von meinem Lieblingsautor aus Frankreich vom letzten Jahr ist jetzt zum Glück als Taschenbuch erhältlich.*

17. *Er versucht die ganze Hausarbeit an einem Tag zu schreiben.*

18. *Die musikalische Entwicklung und die Veränderungen die Jazzmusik mit sich führte wurden schnell wahrgenommen und in zahlreichen Zeitschriften besprochen.*

19. *Die 1920er Jahre geprägt von politischen und wirtschaftlichen Unsicherheiten werden als „Goldene Jahre" bezeichnet.*

20. *Frankreich zog trotz enormer Verluste als Gewinner aus dem Krieg war Deutschland politisch und militärisch überlegen und konnte für einige Jahre als europäische Hegemonialmacht auftreten.*

21. *Die enormen technischen Entwicklungen der 1920er Jahre prägten das Jahrzehnt und nahmen großen Einfluss auf die Entwicklungen in Kunst Literatur Film und Musik.*

22. *Kurt Pintus markiert in der Einleitung zu seinem Kinobuch die Grenzen der jeweiligen Medien und postuliert die daraus resultierenden ästhetischen Schwerpunkte die seiner Meinung nach in der Umsetzung zu erkennen sein sollten.*

23. *Mit dem Film ‚Nichts als Gespenster' hat Martin Gypkens fünf getrennt stehende Kurzgeschichten von Judith Hermann aus dem gleichnamigen Erzählband von 2003 und von ‚Sommerhaus, später' (1998) in einem Ganzen verfilmt.*

24. *Es zeigt sich dass Modalpartikel eine wichtige Rolle in der gesprochenen Sprache spielen da sie zwar die Proposition einer Äußerung nicht verändern jedoch Wesentliches zur Interpretation der Illokution beitragen.*

25. *In der Sekundärliteratur werden die Figuren dieses Dramas als handlungsunfähige egoistische Charaktere dargestellt.*

26. *Ich mag kräftigen spanischen Wein.*

27. *Thomas wurde wütend als er den Brief seiner Freundin las und nahm sich vor ein ernstes Gespräch mit ihr zu führen.*

28. *Die momentane politische Lage ist etwas kritisch.*

29. *Guillaume Apollinaire ein französischer Autor mit italienisch-polnischer Abstammung gilt aufgrund seines experimentellen Umgangs mit traditionellen lyrischen Darstellungsformen als Avantgarde und Begründer des Surrealismus.*

30. *Ich weiß dass die Prüfung schlecht gelaufen ist und hoffe dass ich trotzdem bestanden habe damit ich nicht die Nachprüfung machen muss um das Modul zu bestehen.*

LÖSUNGSTEIL

LÖSUNGEN FÜR KONJUGIERTE VERBEN

1. *Wenn du mir <u>hilfst, geht</u> es schneller.*

→ *Zwei konjugierte Verben; Nebensatz, Hauptsatz*

2. *Ich <u>hoffe,</u> dass es nicht zu lange <u>dauert,</u> damit ich nachher noch zum Sport gehen <u>kann.</u>*

→ *Drei konjugierte Verben; Hauptsatz, Nebensatz, Nebensatz*

3. *Hauptsache, du bist schnell wieder da.*

→ *Die Hauptsache <u>ist,</u> du <u>bist</u> schnell wieder da.* **Verkürzter Nebensatz ohne Verb**

4. *Aufgrund des schlechten Wetters gestern Nachmittag <u>konnte</u> ich den Fototermin leider nicht wahrnehmen.*

→ *Kein Komma, es gibt nur ein konjugiertes Verb*

5. *Immer wenn ich dich <u>sehe, fällt</u> mir ein, dass ich dir noch das Buch zurückgeben <u>muss,</u> das du mir neulich ausgeliehen <u>hast.</u>*

→ *Vier konjugierte Verben; Nebensatz, Hauptsatz, Nebensatz, Nebensatz*

6. *Ich <u>werde</u> heute fertig <u>oder will</u> es zumindest versuchen.*

→ *Kein Komma, die beiden Hauptsätze sind mit* oder *verbunden*

LÖSUNGEN FÜR INFINITIVGRUPPEN

1. *Ich beeile mich, <u>um noch den früheren Zug zu kriegen.</u>*

→ *Infinitivgruppe, die mit* um *eingeleitet wird*

2. *Mein Professor gab mir <u>den Rat, alles noch einmal zu überarbeiten.</u>*

→ **Die Infinitvgruppe hängt vom Substantiv ab:** *Mein Professor gab mir den Rat …* **(welchen Rat?)** *… alles noch einmal zu überarbeiten.*

3. *Ich versuche <u>zu schreiben.</u>*

→ *Kein Komma*

4. *Mein Kollege hat in diesem Fall nichts zu sagen.*

→ *Kein Komma*

5. *Ich freue mich <u>darauf, morgen mit dir in den Urlaub zu fahren.</u>*

→ **Komma, es wird mit dem Wort** *darauf* **auf die Infinitivgruppe hingewiesen**

6. *Ich gebe die Hausarbeit ab, <u>ohne noch einen Blick darauf zu werfen.</u>*

→ **Infinitivgruppe, die mit** *ohne* **eingeleitet wird**

LÖSUNGEN FÜR EINSCHÜBE, ZUSÄTZE UND HERVORHEBUNGEN

1. *Ich mag Kirschen sehr gerne, <u>besonders</u> die ganz roten.*

→ *Hervorhebung*

2. *Meine Kollegin, <u>immer gut vorbereitet,</u> hat alle Unterlagen schon auf dem Tisch.*

→ *Einschub*

3. Ich _bin_ gut gelaunt, _weil das Wetter so schön ist,_ und _freue_ mich auf den Tag.

➔ *Zwei Hauptsätze mit eingeschobenen Nebensatz*

4. _Blond und sportlich,_ so stelle ich mir meinen Traummann vor.

➔ *Zusatz*

5. Ich _habe_ mich erst schlafen gelegt, als ich die ganze Wohnung gesaugt, _d. h._ eigentlich gesaugt, gewischt und aufgeräumt _hatte_.

➔ *Komma zwischen Haupt- und Nebensatz; Komma vor dem Einschub; kein abschließendes Komma, weil der Einschub zwischen Verb und Hilfsverb steht: gesaugt … hatte; Komma bei Aufzählung zwischen gesaugt und gewischt*

LÖSUNGEN FÜR ADJEKTIVREIHUNGEN

1. Seine einseitigen, ignoranten Ansichten nerven mich langsam.

➔ *Komma, die Adjektive sind gleichrangig*

2. Bei dem heißen, schwülen Wetter lege ich mich am besten den ganzen Tag in den Schatten.

➔ *Komma, die Adjektive sind gleichrangig*

3. Die gute wirtschaftliche Situation sorgt für gute Laune.

➔ *Kein Komma, die Adjektive sind nicht gleichrangig: wirtschaftliche Lage gehört zusammen*

4. Der größte deutsche See ist der Bodensee.

➔ *Kein Komma, die Adjektive sind nicht gleichrangig: deutscher See gehört zusammen*

LÖSUNGEN FÜR KONJUNKTIONEN

1. *Ich habe sowohl gekocht als auch den Tisch gedeckt.*

> ➜ **Kein Komma bei** sowohl … als auch

2. *Ich möchte nicht Jura studieren, sondern Medizin.*

> ➜ **Komma vor** sondern

3. *Einerseits klingt das sehr verlockend, andererseits muss ich wirklich noch lernen.*

> ➜ **Komma bei** einerseits … andererseits

4. *Mein Kollege hat alle Unterlagen bearbeitet sowie die Telefonate geführt.*

> ➜ **Kein Komma bei** sowie

5. *Meine Freundin möchte weder hart arbeiten noch viel Geld verdienen.*

> ➜ **Kein Komma bei** weder … noch

LÖSUNGEN FÜR DIE GEMISCHTEN ÜBUNGSSÄTZE

1. *Ich weiß nicht genau, wie ich das am besten formulieren soll.*

> ➜ Zwei konjugierte Verben, Komma zwischen Haupt- und Nebensatz

2. *Nina sollte versuchen[,] nächste Woche einen Arzttermin zu bekommen.*

> ➜ Erweiterter Infinitiv, das Komma muss aber nicht unbedingt gesetzt werden

3. *In unserer Wohnküche, <u>hell und sehr gemütlich, fehlt</u> jetzt nur noch ein Regal, dann <u>ist</u> sie fertig.*

➜ *Einschub; zwei Hauptsätze*

4. *Meine Schwiegermutter und ich sind gestern nach der langen Sightseeingtour noch in einem sehr <u>netten italienischen Café</u> gewesen.*

➜ *Kein Komma, die Adjektive sind nicht gleichrangig,* italienisches Café *gehört zusammen,* nett *bestimmt dies näher*

5. *Wie ich die ganzen Einkaufstüten nach Hause kriegen <u>soll, weiß</u> ich noch nicht genau.*

➜ *Nebensatz, Hauptsatz*

6. *Ich habe Literaturwissenschaft und Politik studiert, um mich noch nicht so früh auf einen Beruf <u>festzulegen.</u>*

➜ *Komma vor dem erweiterten Infinitiv, der mit* um *eingeleitet wird*

7. *Anton <u>sollte</u> sich lieber überlegen, welcher Beruf ihm wirklich Spaß machen <u>würde,</u> anstatt an seinem Job <u>zu klammern.</u>*

➜ *Hauptsatz, Nebensatz, Infinitivgruppe, die mit* anstatt *eingeleitet wird*

8. *Ich brauche eine <u>neue amtliche Beglaubigung,</u> die alte habe ich verloren.*

➜ *Zwei Hauptsätze; kein Komma zwischen den Adjektiven,* amtliche Beglaubigung *ist eine Verbindung,* neu *bestimmt diese Verbindung genauer; die Adjektive sind nicht gleichrangig*

9. *Nach langen Diskussionen, vielen genervten Gesichtern und sehr viel Kaffee sind wir uns heute endlich einig geworden.*

➜ *Nur eine Aufzählung, sonst kein Komma*

10. *Lisa <u>hat</u> ihrer WG letzte Woche eine Standpauke gehalten und ist dann aus dem Zimmer gegangen, <u>ohne sich noch einmal umzusehen.</u>*

→ Zwei Hauptsätze mit *und* verbunden, erweiterter Infinitiv durch *ohne* eingeleitet

11. *Er <u>freut</u> sich sehr auf die Semesterferien, <u>besonders[,]</u> weil er in den letzten Ferien so viel lernen <u>musste</u>.*

→ Hauptsatz, Nebensatz mit mehrteiliger Einleitung

12. *Die Hausarbeit, die ich letzte Woche abgegeben <u>habe, ist</u> nicht so gut geworden.*

→ Eingeschobener Nebensatz [Relativsatz], er muss mit Kommas vom Hauptsatz abgegrenzt werden

13. *Ich habe Tina, meiner Schwester, gestern ein gutes Buch und Schokolade mitgebracht, <u>um sie ein wenig aufzuheitern.</u>*

→ Einschub; erweiterter Infinitiv durch *um* eingeleitet

14. *Durch die Verbildlichung von Träumen, Fantasien und gelesenen Geschichten erhält der Zuschauer unmittelbar Einblick in die Gedanken des Protagonisten.*

→ Aufzählung, sonst kein Komma

15. *Er entschied sich <u>dazu, eine Hausarbeit zu schreiben.</u>*

→ Erweiterter Infinitiv, auf den mit *dazu* hingewiesen wird

16. *Das Buch von meinem Lieblingsautor aus Frankreich vom letzten Jahr ist jetzt zum Glück als Taschenbuch erhältlich.*

→ Kein Komma, nur ein sehr langes Subjekt

17. *Er versucht[,] die ganze Hausarbeit an einem Tag zu schreiben.*

→ Erweiterter Infinitiv, es kann ein Komma gesetzt werden, muss aber nicht

18. *Die musikalische Entwicklung und die Veränderungen, die Jazzmusik mit sich __führte, wurden__ schnell wahrgenommen und in zahlreichen Zeitschriften besprochen.*

→ Eingeschobener Nebensatz [Relativsatz], er muss mit Kommas vom Hauptsatz abgegrenzt werden

19. *Die 1920er Jahre, __geprägt von politischen und wirtschaftlichen Unsicherheiten,__ werden als „Goldene Jahre" bezeichnet.*

→ Einschub

20. *Frankreich __zog__ trotz enormer Verluste als Gewinner aus dem Krieg, __war__ Deutschland politisch und militärisch überlegen und __konnte__ für einige Jahre als europäische Hegemonialmacht auftreten.*

→ Drei Hauptsätze, zwei mit Komma abgegrenzt, der dritte mit *und*

21. *Die enormen technischen Entwicklungen der 1920er Jahre __prägten__ das Jahrzehnt und __nahmen__ großen Einfluss auf die Entwicklungen in Kunst, Literatur, Film und Musik.*

→ Zwei Hauptsätze mit *und* voneinander getrennt; Aufzählungen

22. *Kurt Pintus __markiert__ in der Einleitung zu seinem Kinobuch die Grenzen der jeweiligen Medien und __postuliert__ die daraus resultierenden ästhetischen Schwerpunkte, die seiner Meinung nach in der Umsetzung zu erkennen sein __sollten.__*

→ Zwei Hauptsätze mit *und* voneinander getrennt; Relativsatz

23. *Mit dem Film ‚Nichts als Gespenster' hat Martin Gypkens fünf getrennt stehende Kurzgeschichten von Judith Hermann aus dem gleichnamigen Erzählband von 2003 und von ‚Sommerhaus, später' (1998) in einem Ganzen verfilmt.*

➜ *Kein Komma*

24. *Es <u>zeigt</u> sich, dass Modalpartikel eine wichtige Rolle in der gesprochenen Sprache <u>spielen,</u> da sie zwar die Proposition einer Äußerung nicht <u>verändern,</u> jedoch Wesentliches zur Interpretation der Illokution <u>beitragen.</u>*

➜ *Hauptsatz, Nebensatz, Nebensatz, Nebensatz*

25. *In der Sekundärliteratur werden die Figuren dieses Dramas als <u>handlungsunfähige, egoistische Charaktere</u> dargestellt.*

➜ *Gleichrangige Adjektive*

26. *Ich mag <u>kräftigen spanischen Wein.</u>*

➜ *Kein Komma,* spanischer Wein *gehört zusammen,* kräftig *bestimmt dies näher; die Adjektive sind nicht gleichrangig*

27. *Thomas <u>wurde</u> wütend, als er den Brief seiner Freundin <u>las,</u> und <u>nahm</u> sich vor[,] ein ernstes Gespräch mit ihr <u>zu führen.</u>*

➜ *Hauptsatz, eingeschobener Nebensatz, Hauptsatz, erweiterter Infinitiv*

28. *Die <u>momentane politische</u> Lage ist etwas kritisch.*

➜ *Kein Komma,* politische Lage *gehört zusammen,* momentan *bestimmt dies näher; die Adjektive sind nicht gleichrangig*

29. *Guillaume Apollinaire, <u>ein französischer Autor mit italienisch-polnischer Abstammung</u>, gilt aufgrund seines experimentellen Umgangs mit <u>traditionellen lyrischen Darstellungsformen</u> als Avantgarde und Begründer des Surrealismus.*

→ Einschub; die Adjektive *traditionell* und *lyrisch* sind nicht gleichrangig, daher kein Komma

30. *Ich <u>weiß,</u> dass die Prüfung schlecht gelaufen <u>ist,</u> und <u>hoffe,</u> dass ich trotzdem bestanden <u>habe,</u> damit ich nicht die Nachprüfung machen <u>muss,</u> um das Modul <u>zu bestehen.</u>*

→ Hauptsatz, Nebensatz, Hauptsatz, Nebensatz, Nebensatz, erweiterter Infinitiv mit *um* eingeleitet

NACHTRAG:
Wo kommen die Kommaregeln her?

Dieser Crashkurs basiert auf dem amtlichen Regelwerk zur Kommasetzung (2006), das vom Rat der deutschen Rechtschreibung veröffentlicht wird. Die didaktische Aufarbeitung, die Strategien und die Tipps sind nach bestem Wissen und Gewissen von der Autorin erstellt worden.